DES PRINCIPES

DE LA

RÉVOLUTION FRANÇAISE

Par F. SAILLARD

> « Je me rallie sans réserve aux hommes honnêtes de tous les partis qui, comprenant que *démocratie* c'est *démopédie*, éducation du peuple, acceptant cette éducation comme leur tâche et plaçant au-dessus de tout la liberté, désirent sincérement, avec la gloire de leur pays, le bien-être des travailleurs, l'indépendance des nations et le progrès de l'esprit humain. »
>
> PROUDHON.

PARIS

E. DENTU, ÉDITEUR

LIBRAIRE DE LA SOCIÉTÉ DES GENS DE LETTRES

3, place de Valois (Palais-Royal).

1889

PRÉFACE

Dans un discours prononcé il y a quelque temps à l'occasion de la réception à l'Académie française de M. Jules Claretie, M. Ernest Renan disait :

« Une des conséquences de cette littérature avant tout spirituelle et légère fut d'habituer le public à être trop amusé. La lecture presque exclusive des romans devint pour les femmes une véritable cause d'abaissement. La lecture, pour être salutaire, doit être un exercice impliquant quelque travail. A ce point de vue, il est bon que les livres ne soient pas tout à fait écrits dans la langue ordinaire. On en vint à demander comme condition essentielle à la prose destinée aux gens du monde de ne nécessiter aucun effort d'attention de la part du lecteur. Il y avait là un juste retour des choses humaines. La France, au dix-huitième siècle, avait fait sa campagne libérale et anticléricale en amusant. Il était écrit que l'amusement lui serait funeste. Elle avait tué l'in-

folio des bénédictins, l'in-quarto des acadé-
mies. *Un petit volume frivole à la main, la
voilà*, disent ses ennemis, *qui meurt de nullité.*
Ce n'est jamais impunément qu'on tient la
vérité pour chose indifférente. Même la littérature légère peut être faite sérieusement, et
sans que les facultés maîtresses du raisonne-
ment en souffrent aucun dommage. »

Et ensuite :

« La Révolution est condamnée, s'il est
prouvé qu'au bout de cent ans elle en est encore à recommencer, à chercher sa voie, à se
débattre sans cesse dans les conspirations et
l'anarchie... Les hommes extraordinaires pour
lesquels nous nous sommes passionnés eurent-
ils tort, eurent-ils raison? De cette ivresse
inouïe, réduite à l'exacte balance des profits et
pertes, que reste-t-il? Le sort de ces grands en-
thousiastes sera-t-il de demeurer éternelle-
ment isolés, suspendus dans le vide, victimes
d'une noble folie? Ou bien ont-ils, en somme,
fondé quelque chose et préparé l'avenir? On ne
le sait pas encore. J'estime que, dans quelques
années, on le saura. Si, dans dix ou vingt ans,
la France est prospère et libre, fidèle à la léga-

lité, entourée de la sympathie des portions libérales du monde, oh! alors, la cause de la Révolution est sauvée; le monde l'aimera et en goûtera les fruits sans en avoir savouré les amertumes. Mais si, dans dix ou vingt ans, la France est toujours à l'état de crise, anéantie à l'extérieur, livrée à l'intérieur aux menaces des sectes et aux entreprises de la basse popularité, oh! alors il faudra dire que notre entraînement d'artistes nous a fait commettre une faute politique, que ces audacieux novateurs, pour lesquels nous avons eu des faiblesses, eurent absolument tort. La Révolution, dans ce cas, serait vaincue pour plus d'un siècle. En guerre, un capitaine toujours battu ne saurait être un grand capitaine; en politique, un principe qui, dans l'espace de cent ans, épuise une nation, ne saurait être le véritable.

« Suspendons notre jugement. »

Certes, la question est bien posée et on ne saurait nier que jusqu'ici la Révolution française a échoué et qu'elle n'a amené que le désordre et l'anarchie. Aucun gouvernement depuis n'a pu s'établir et aujourd'hui encore nous voyons, après une durée de plus de dix-huit années, le gouvernement de la troisième République contesté et n'avoir pas plus de chances de stabilité que le premier jour.

Mais nous croyons que cet état vient plus des hommes que des choses et que, si l'on eût véritablement compris que la Révolution française avait apporté dans le monde un nouveau principe de gouvernement et que ce principe demandait à être appliqué, on se fût évité bien des difficultés et qu'on fût arrivé à un meilleur résultat.

En effet, les principes de la Révolution française n'ont servi jusqu'ici que de machines de guerre. On les invoquait quand on était dans l'opposition ; mais quand on était au pouvoir, on les ignorait ou on feignait de ne pas les comprendre. Or, il faut appliquer ces principes et en faire une réalité. Il faut les formuler avec précision, et savoir où l'on va et ce que l'on veut. Les principes de la Révolution française sont éternels ; mais à ne pas les appliquer quand ils sont comme posés devant la société et qu'ils ont rendu impossible tout autre principe, il y a péril de mort et c'est là le malheur dont nous sommes menacés. Dernièrement, M. Jules Ferry, dans un discours prononcé à l'assemblée générale annuelle de l'Association nationale républicaine, disait :

« Je ne veux pas m'expliquer, messieurs, sur le chapitre des fautes commises. Il y en a eu certainement, mais je crois qu'on se trompe étrangement sur la portée et sur les conséquences électorales de cette politique qu'il est de mode de juger si sévèrement... La grande faute, la voici : étant données des populations qui, par tradition, par tempérament, par instinct, peut-on dire, veulent être gouvernées, on n'a pas su donner à la République figure de gouvernement...

« Le pays veut autre chose? Ah! il a bien raison! Eh bien, essayez de lui montrer une majorité de gouvernement véritablement compacte, sage et disciplinée,... et le pays aura *l'autre chose* qu'il désire. »

Sans doute, ô M. Jules Ferry; mais comment établir cette « majorité de gouvernement véritablement compacte, sage et disciplinée », qu'il est nécessaire selon vous de montrer au pays et qui sera cette « autre chose » qu'il désire? Là est la question. Des dilettantes de la politique ont cru qu'il suffisait de parader en quelque sorte devant l'opinion publique pour se faire nommer députés et pour faire le bonheur du peuple. Hélas! non, et il a suffi que vous critiquiez l'empire pour que l'on crût que vous aviez une panacée et que vous pouviez guérir tous les maux. Or, vous n'avez même pas cherché et vous êtes restés au même point. L'un de vous disait naguère, et il croyait ainsi répondre victorieusement à toutes les attaques et à toutes les critiques : « Mais si la Chambre ne fait rien, c'est qu'elle est divisée et, si elle est divisée, c'est la faute au pays qui est lui-même divisé et qui ne sait pas faire son unité! »

Mais, malheureux, c'est à vous à faire l'unité du pays et, si vous ne la faites pas, c'est que vous êtes incapables et que vous ne pouvez gouverner. Maintenant, sur quelle question et comment doit se faire cette unité du pays? C'est là ce que nous allons rechercher, et ce qui va être l'objet de la présente étude.

DES PRINCIPES
DE LA RÉVOLUTION FRANÇAISE

I.

Du but de la Révolution, et du principe de la liberté.

Qu'a voulu la Révolution française? — Il est ici entendu que révolution est synonyme de progrès et de civilisation et que, pour nous, la question revient à ceci : — Qu'y avait-il à faire, au moment précis de la Révolution, pour empêcher le trouble et le désordre et pour donner satisfaction au peuple?

Car, il faut avant tout donner satisfaction au peuple, et c'est en vain que l'on multiplierait les lois et qu'on ferait des projets de réforme : le peuple attendra toujours la grande loi, la grande réforme, celle pour laquelle il s'est mis en marche et qui est sa raison d'être dans l'histoire.

Le peuple a en effet une mission à accomplir, et c'est pour elle qu'il combat depuis la Révolution. Au moyen-âge, quand il combattait pour l'idée catholique, il obligeait les rois à s'y soumettre et il cherchait à la faire triompher. Clovis, qui renonça au paganisme et qui reçut le baptême des mains de saint Remy; Henri IV, qui abjura le protestantisme et qui se fit catholique, — Henri IV qui dit : « Paris vaut bien une messe! » — furent des instruments entre les mains du peuple qui voulait réaliser l'idée catholique et établir son unité.

Aujourd'hui, le peuple est dévoué à l'idée démocratique et il renverse les gouvernements qui y sont opposés. Certes, on a pu s'y tromper et croire que la Révolution n'avait amené que le désordre et l'anarchie; mais on a dû reconnaître son erreur et comprendre que les principes proclamés par la Révolution française étaient invincibles et qu'il valait mieux les appliquer et les formuler d'une manière nette et précise.

Malheureusement on n'en est venu là que plus tard et, dès le début, on voit le parti républicain s'agiter et commettre fautes sur fautes. Nous ne voulons point rechercher ici les fautes du parti républicain. Il nous suffira de dire que ces fautes se continuent, et qu'elles menacent de conduire le parti républicain à sa ruine et à sa dissolution. Ainsi, les opportunistes, — ils nous permettront de le leur dire, — ne combattent point pour établir la République, et la preuve c'est que leur Sénat et leur Présidence de la République font, du système qu'ils préconisent, une monarchie déguisée et qui ne se distingue en rien de celles qui nous entourent ni de celles qui ont régné sur la France après les révolutions de 1789 et de 1830 ou après les événements de 1814 et de 1815.

En effet, le président actuel de la République française ne peut-il point, par exemple comme le roi des Belges ou comme la reine d'Angleterre, proroger le Parlement et dissoudre la Chambre des Députés, d'accord avec le Sénat? Ne nomme-t-il point à tous les emplois civils et militaires et y a-t-il une différence quelconque entre lui et le roi Louis XVI quand il eut accepté notre première Constitution ; et les rois Louis XVIII, Charles X et Louis-Philippe ?

Non, ce n'était pas la peine, si on devait en rester là, de faire les révolutions du 24 février et du 10 août, et il aurait mieux valu conserver la monarchie constitutionnelle. Voilà ce que l'on peut dire aux opportunistes ! Quant aux intransigeants ou aux radicaux, ils n'ont point de système du tout et ils tournent à tous les vents de la politique. Ne les a-t-on point vus, quand ils étaient au pouvoir, renoncer à appliquer les idées qu'ils avaient professées dans l'opposition ? Ne les a-t-on point vus voter pour le maintien de l'ambassade auprès du Saint-Siège, pour le budget des cultes et pour les fonds secrets du ministère de l'intérieur ? Certes, nous ne critiquons point ces choses ; mais que veut-on que le peuple pense quand il voit des hommes à qui il a donné sa confiance et qui se sont présentés pour le conduire, agir différemment quand ils sont au pouvoir et dans l'opposition, et comment veut-on qu'il se reconnaisse et qu'il marche dans la voie de la justice et de la vérité?

Comment veut-on que, quand on a par exemple renversé un ministère et qu'on en soutient un autre qui fait les mêmes choses que l'ancien et qui ne se distingue de lui que par les satisfactions personnelles qu'il peut donner à quelques individus; comment veut-on, disons-nous, que le peuple ne soit pas dévoyé et qu'il ne sache à qui entendre, comment veut-on qu'il ne laisse pas aller au discrédit les institutions de la République? Or, c'est là où nous en sommes et, quand on voit les radicaux demander, dans un moment où le mécontentement est général et où il ne s'agit, pour le plus grand nombre que de renverser la République, la révision de la Constitution, — on ne sait lequel il faut le plus admirer ou de la naïveté de certains hommes ou de la fatalité des choses. En effet, la République existe et, quoiqu'elle ne soit pas, comme quelques-uns le prétendent, au-dessus du suffrage universel; quoiqu'elle ne soit pas une panacée et qu'elle ne soit qu'un moyen, comme en son temps la monarchie pour la puissance française, d'exercer sa souveraineté, — il serait criminel d'y toucher et de chercher à la renverser.

Or, c'est là ce que veulent les radicaux unis aux royalistes. Sans doute, les radicaux prétendent qu'ils ne veulent qu'améliorer les institutions de la République; mais, n'est-il point vrai qu'en acceptant le rendez-vous que leur donnent les royalistes et en allant à l'Assemblée constituante, les radicaux acceptent d'avance les décisions prises par cette Assemblée et qu'ils renoncent au bénéfice de la situation qui est faite à la République. D'un autre côté, que prétendent-ils améliorer? Supprimer l'institution de la présidence de la République et du Sénat? Mais pourquoi? Est-ce que le Sénat et la présidence de la République ont jusqu'ici empêché quelques réformes? Non; mais la vérité c'est que les intransigeants ou les radicaux sont ce que l'on pourrait appeler des procéduriers (1) ou des

---

(1) Est-il besoin d'insister sur ce point, et n'est-il point vrai

formalistes et ils croient, quand ils ont posé une question, l'avoir résolue. C'est ce qui fait que, depuis 1789, il y a eu en France tant de révolutions et tant de changements de gouvernement; car, chacun à son heure, a voulu être radical et faire sa Constitution. Radicaux les hommes de 1792, qui firent la Révolution du 10 août et qui établirent la première République.

Radical, Napoléon, qui fit le coup d'État du 18 brumaire et qui établit l'empire. Radicaux les Bourbons de la Restauration, qui profitèrent des événements de 1815 et qui rétablirent la monarchie. Radical Louis-Philippe, qui prêta les mains à la révolution de 1830 et qui établit une nouvelle monarchie. Radicaux, les hommes de 1848, qui firent la révolution du

---

que nos prétendus hommes d'État n'ont été jusqu'ici que des procéduriers et qu'ils n'ont donné aucune solution aux graves questions qui intéressent la société moderne? Que font dans la presse ou à la Chambre des députés, MM. tels et tels? De la procédure, et ils ne font rien autre. Si jamais nous faisons la monographie de nos hommes d'État contemporains et de ceux qui les ont précédé depuis la Révolution, nous l'intitulerons pour la plupart les *Procéduriers* ou les *Avoués*, non pas même les avocats de la Démocratie ou de la politique!

24 février et qui établirent la seconde République. Radical Napoléon III, qui fit le coup d'État du 2 décembre et qui rétablit l'empire. Radicaux les hommes du 4 septembre, qui profitèrent des événements de la malheureuse guerre de 1870 et qui établirent la troisième République. Radicaux enfin les hommes qui demandent aujourd'hui la Révision, et qui veulent établir une nouvelle Constitution. Certes, si le peuple avait eu le goût des Constitutions et si elles avaient été capables de le satisfaire, il l'aurait été par l'une quelconque de celles que nous venons d'énumérer — ne fût-ce que par la Constitution de 1793 faite par des hommes honnêtes, dévoués, et que ne sauraient désavouer nos modernes radicaux — et il n'y aurait plus aujourd'hui rien à faire. Mais il ne paraît pas qu'il en ait été ainsi, et le peuple a laissé renverser toutes les Constitutions dont nous venons de parler y compris celle de 1793. Il semble même que, lors du renversement de cette dernière Constitution, il appelait depuis longtemps un sauveur et qu'il faisait des vœux pour l'établisse-

ment d'un autre régime. C'est que, en effet, les Constitutions ne suffisent pas au peuple et que, quand il voit que celle qu'on lui a donnée ne remplit pas le but qu'il s'est proposé et qu'elle ne lui donne aucune satisfaction, il la renverse et cherche à établir un autre régime ou une autre Constitution.

C'est peut-être là où nous en sommes ; mais, en tous cas, il faut savoir que ce ne sont pas les Constitutions qui remplissent par elles-mêmes le but que s'est proposé le peuple et qu'elles ne peuvent être pour lui qu'un moyen. Quel est donc le but que s'est proposé le peuple et la Constitution nouvelle, rêvée par les radicaux, lui permettra-t-elle d'y atteindre ? C'est là ce que nous allons examiner ; mais auparavant, — les radicaux nous permettront de le leur dire, — il faut être bien persuadé que ce que le peuple veut et ce qu'il a toujours poursuivi à travers toutes ses révolutions et ses changements de gouvernements, c'est moins une question de forme que la question du fond. Le peuple en est venu naturellement à la République, et il a renversé la monarchie ; mais il se serait accommodé de cette forme de gouvernement si elle lui avait donné satisfaction et si les hommes qui la représentaient avaient eu l'intelligence de ses besoins. Quels sont donc ces besoins du peuple et qu'elle est, encore une fois, la satisfaction qu'il faut leur donner ? Il faut donner au peuple la liberté. Maintenant, quelle liberté faut-il donner au peuple? Est-ce la liberté de la presse, la liberté de réunion et d'association, en un mot toutes les libertés qui figurent dans les programmes et que chaque parlementaire tour à tour nous a promises?

Certes, oui, il faut donner ces libertés au peuple; mais elles ne lui suffisent pas et la preuve c'est qu'il les a déjà eues et qu'il s'en est servi pour renverser les gouvernements qui les lui avaient données. N'est-ce pas pour la liberté de la presse et parce que le gouvernement de la Restauration, après avoir donné cette liberté et établi la Charte constitutionnelle, voulait la détruire, que le peuple a renversé le gouvernement dont nous parlons et qu'il a fait la révolution de juillet?

N'est-ce pas pour l'extension du droit de suffrage et parce que le gouvernement du roi Louis-Philippe y était opposé, que le peuple a renversé ce gouvernement et qu'il a fait la révolution du 24 février!

Dans le même ordre d'idées et si le premier et le second empire ont fait des guerres qui les ont conduits — et nous aussi, hélas! — l'un à Sedan et l'autre à Waterloo, ne peut-on point dire que c'est parce que, après avoir confisqué en France toutes les libertés, ils sentaient qu'il viendrait un moment où il faudrait les rendre et qu'ils voulaient retarder ce moment fatal et maintenir le despotisme?

Ainsi donc, il faut donner au peuple les libertés dont nous parlons et si, dans certains moments, comme par exemple après une révolution qui a échoué ou un coup d'État, il paraît s'en désintéresser, il ne tarde pas à y revenir et il renverse les gouvernements qui ont voulu les lui ravir. C'est ce qui est arrivé le 4 septembre 1870, où le peuple a voulu renverser le gouvernement de Napoléon III et établir la République. Il est vrai, le peuple n'a pas toujours été heureux dans ses tentatives pour établir la République et il a jusqu'ici échoué. Les opportunistes par exemple ont vu dans la République non le moyen, mais le but et ils se sont opposés à toutes réformes.

De leur côté, les radicaux ou les intransigeants, au lieu de rechercher la solution des questions qui s'imposent et d'indiquer la voie à suivre pour arriver à un meilleur état social et politique, se sont lancés dans des questions de procédure ou de formalisme et ils ont rendu tout gouvernement impossible. Enfin, les conservateurs qui, eux aussi, pourraient être, s'ils le voulaient, des agents du progrès, et de la civilisation, — au lieu de rechercher de bonne foi les raisons qui les ont fait tomber du pouvoir, et de se demander ce qu'ils auraient à faire si les circonstances les y ramenaient, se traînent à la remorque tantôt des intransigeants et tantôt des opportunistes, et ils s'appliquent à rendre le gouvernement de la France impossible.

Ainsi la France est trahie par ses enfants et elle ne sait à qui entendre. Et comment saurait-elle à qui entendre quand elle voit des hommes à qui elle a donné sa confiance et qui ont promis de la conduire dans la voie de la liberté et de la justice, poursuivre le pouvoir pour le pouvoir; car quelle différence y a-t-il, nous ne dirons pas seulement entre le ministère d'hier et celui d'aujourd'hui, mais entre le régime qui existe actuellement et celui qui existait par exemple au commencement de la Révolution?

On dira que, sous le régime actuel, il y a plus de liberté et que la presse, par exemple, peut dire tout ce qu'elle veut; mais est-ce que, sous le régime qui existait au commencement de la Révolution, sous la Restauration et la monarchie de juillet et même encore vers la fin du premier et du second empire, la presse n'était pas aussi libre et qu'elle ne pouvait pas dire également tout ce qu'elle voulait? Sans doute il y eut un moment, sous chacun des régimes dont nous parlons, où la liberté de la presse fut menacée et où l'on ne put plus rien dire; mais qui osera dire que le jour — Hélas, ce jour est arrivé et on ne va que trop nous donner raison! — où le régime actuel serait menacé et où la liberté de la presse deviendrait un danger, cette liberté serait maintenue et que l'on pourrait encore parler ou écrire?

Non, il n'y a aucune différence entre le régime actuel et la plupart de ceux qui ont existé depuis la Révolution, et le peuple a raison de condamner les hommes de ce premier régime. D'un autre côté, comment la France saurait-elle encore à qui entendre quand elle voit des journaux qui soutiennent la politique du gouvernement et qui ont la prétention d'être des conservateurs, élever l'outrage et la calomnie à la hauteur d'une institution; quand elle voit ces mêmes journaux grossir tous les faits et chercher à faire remonter la responsabilité des malheurs au gouvernement, rechercher le scandale et, plutôt que de ne pas se vendre et de n'avoir pas un moyen qui attirerait sur eux l'attention du public, préférer que les Prussiens entrent en France et qu'ils marchent sur la capitale.

Oui, le jour où les journaux dont nous

parlons pourraient annoncer et faire crier dans les rues de Paris que les Prussiens par exemple sont à Nancy et que l'on aperçoit leurs têtes de colonnes à Nogent-sur-Marne ou à Pantin, ils seraient heureux et ils ne songeraient guère au patriotisme! Mais pourquoi fait-on un succès à ces journaux, et pourquoi accorde-t-on tant d'importance aux faits d'ordre si souvent secondaires qu'ils racontent? Pourquoi accorde-t-on tant d'importance à Pranzini? Pourquoi, si malheureux que soient les faits dont nous allons parler, a-t-on fait presque une révolution et renversé M. Grévy à cause des faits délictueux reprochés à M. Wilson?

Est-ce parce que la conscience publique était véritablement indignée, et que l'on voulait éviter le retour de pareils faits? Non, car les faits délictueux reprochés à M. Wilson comme le crime abominable commis par Pranzini, ont eu lieu dans tous les temps et sous tous les régimes, et la justice du pays a toujours suffi pour les réprimer. Qu'y a-t-il donc et pourquoi sommes-nous aujourd'hui comme malades, névrosés? Il y a que, depuis la Révolution et même depuis longtemps auparavant, — car le mouvement qui a produit la Révolution vient précisément de l'attente dont nous allons parler tout à l'heure; — il y a, disons-nous, que, depuis la Révolution et même depuis longtemps auparavant, on attend quelque chose de grand et qui change les conditions de la société — et que rien n'est venu. Des hommes sont partis de leur village et ils ont promis de rendre heureux et libres leurs concitoyens; puis, quand ils ont été arrivés au pouvoir, ils n'ont rien fait ou ils n'ont fait que continuer les errements de leurs prédécesseurs et maintenir l'ancien despotisme.

Prenons par exemple M. Thiers. Voilà M. Thiers qui, sous la Restauration, est parti de Marseille et qui est venu à Paris. A peine arrivé, il fait de l'opposition au gouvernement établi et il cherche à le renverser; il arrive à établir Louis-Philippe. Tantôt il fait de l'opposition à ce roi, et tantôt il est son ministre; enfin il arrive à renverser Louis-Philippe comme il a renversé le gouvernement de la

Restauration et la seconde République s'établit. M. Thiers va-t-il soutenir ce gouvernement et chercher à le consolider? Non, M. Thiers va conspirer pendant toute sa durée contre le gouvernement de la République et chercher à le renverser. Sous Napoléon III, M. Thiers conspire également et il cherche à renverser le gouvernement. Enfin, sous la troisième République, tantôt il soutient et tantôt il combat le gouvernement dont il fut un moment le chef; il meurt au moment où il allait livrer un suprême combat au maréchal de Mac-Mahon et sans doute aussi le renverser. Voilà la vie de M. Thiers. Mais l'on peut se demander si M. Thiers n'avait point vécu, les choses auraient été autrement? M. Thiers a, dira-t-on, libéré le territoire; mais, sans M. Thiers, qui sait si la guerre de 1870 aurait éclaté et si le gouvernement de Napoléon III ne l'a point faite uniquement pour échapper à l'intérieur aux critiques que faisait M. Thiers?

Quoi qu'il en soit de ces hypothèses, nous aimons mieux nous demander ce qui reste de l'œuvre de M. Thiers et quelles sont les idées qu'il a mises au jour et cherché à faire prévaloir? Eh bien, pas une, et M. Thiers de moins dans la vie de la société française et nous serions aussi avancés. M. Thiers a été ministre de Louis-Philippe, et il fut un moment le chef du gouvernement de la troisième République ; mais il aurait pu tout aussi bien et mieux être le chef d'un gouvernement royaliste et ministre de Charles X ou de Louis XVIII et même de Louis XVI, avant l'établissement du régime constitutionnel. Rien en effet dans les idées de M. Thiers ne s'opposait à ce que, après avoir gagné la confiance du monarque, il cherchât à appliquer ses idées et à faire régner sa volonté.

Il s'agissait toujours pour M. Thiers comme pour la plupart des parlementaires et de ceux qui ont gouverné la France depuis la Révolution, de trouver un bon tyran et un roi ou une Assemblée qui, dépositaire de la puissance publique, consentît à la leur déléguer. Ils ne réfléchissaient pas que ce qu'un roi ou une Assemblée peut faire, une autre peut le défaire et qu'il faut toujours en venir au peuple instruit et éclairé. Mais quelques-uns des hommes dont nous parlons sont partis de bonne foi, et ils étaient honnêtes. Au loin, dans leur village, le gouvernement leur apparaissait comme une chose bonne à changer, à réformer, et qui devait être assise sur de nouvelles bases. Puis, quand ils ont été arrivés et qu'ils ont vu de près le pouvoir, ils ont compris les difficultés et n'ont pas su par où commencer; ils ont trouvé plus commode de ne rien faire et de prendre rang parmi les aristocrates. C'est là où nous en sommes maintenant, et ce serait profondément triste si ce n'était un peu risible de voir l'étonnement de ces hommes quand ils pensent que le peuple veut les quitter et marcher à d'autres destinées.

Hé, oui, bonnes gens, le peuple veut vous quitter et marcher à d'autres destinées! Vous n'avez rien fait pour lui. Ce n'est pas dire que le peuple veut suivre les fauteurs de restauration monarchique ou les partisans de la dictature; non, la République existe, il faut la conserver; mais le peuple veut que, sous ce nom de la République, on donne enfin satisfaction à ses espérances et qu'on fasse de lui un peuple libre et éclairé. Quel est donc le moyen pour faire du peuple un peuple libre et éclairé, et pour donner satisfaction à ses espérances? C'est là ce que nous allons examiner, et ce qui va faire l'objet du chapitre suivant.

II.

De la formule du principe de la liberté, et de l'éducation du peuple.

Il est certain que le mouvement de la Révolution a été produit par l'attente de quelque chose de grand qui change les conditions de la société et qui en établisse une nouvelle.

Maintenant, quelle était cette nouvelle société que l'on attendait et sur quelles bases devait-elle être établie? Pour répondre à cette question, il faut se rappeler que l'ancienne société reposait sur l'inégalité et le privilège et qu'elle avait pour base l'autorité. L'autorité venait de Dieu, et il était ordonné au peuple de s'y soumettre. Depuis, on a changé tout cela et, sans s'occuper de Dieu dont le nom avait été mis là par des hommes, on a déclaré qu'il n'y avait pas à proprement parler d'autorité et que ce qui devait en tenir lieu et la remplacer était la liberté. En effet, là où tous les hommes sont égaux et où il n'y a pas de privilège, il ne peut y avoir d'autorité et celui qui exerce la puissance publique n'est qu'un délégué. Maintenant l'on voit l'immensité de l'œuvre à accomplir et combien elle n'a rien de commun avec ce qui s'est fait dernièrement et que l'on a appelé l'instruction laïque, gratuite et obligatoire.

Certes, on a eu des velléités; mais, sans vouloir rééditer ici les théories de Rousseau sur l'inutilité des sciences physiques et mathématiques, on peut dire, — et c'est là-dessus que devrait s'exercer la verve de ceux qui pensent que l'État ne doit intervenir que pour faire ce que les particuliers eux-mêmes ne peuvent pas faire, — on peut dire que l'initiative privée suffira toujours pour faire des savants et des ingénieurs et que l'État n'a pas à s'en occuper.

En revanche, l'État doit faire des hommes et des citoyens et voilà pourquoi il est obligé d'enseigner les principes de la morale et les droits et les devoirs. Mais l'on a peut-être cru que, à force de science proprement dite et d'instruction, on pouvait arriver à la connaissance des droits et des devoirs et à la pratique de la morale. Si l'on a cru cela, on doit être bien détrompé ; car enfin, il y a en France de l'instruction aujourd'hui et on y est généralement savant. Eh bien, la moralité publique y est-elle arrivée à un degré en rapport avec celui de l'instruction et n'est-il point vrai au contraire que l'on n'y a point les mœurs de la liberté ?

Sans doute, il ne s'agit point ici encore une fois de cette moralité vulgaire qui est en honneur dans tous les pays civilisés et qui consiste à ne point voler et à ne point prendre l'argent dans la poche de son voisin. Il s'agit de cette moralité plus haute qui consiste à rendre à chacun ce qui lui est dû (1) et qui fait que

---

(1) Voyez, dans Littré, cette excellente définition de la Justice qui n'est autre que le principe supérieur de la liberté.

« Justice, dit Littré : Règle de ce qui est conforme au droit de chacun ; volonté constante et perpétuelle de donner à chacun ce qui lui appartient. »

l'on défend la liberté d'abord parce qu'elle est un droit et ensuite parce que, si on ne la défend pas et si on la laisse attaquer, on fait tort à autrui qui ne peut seul la défendre et qui tombera victime du despotisme.

On voit d'ici l'égalité de tous dans la liberté et la fraternité, tous les principes dits de 1789 et qui, vieux comme le monde, ont servi de base à tous les gouvernements et à toutes les sociétés. Mais ces principes sont-ils en honneur chez nous, et cherche-t-on à les pratiquer et à en faire une réalité? Hélas, non, et la preuve c'est toute notre histoire depuis la Révolution. En effet, à peine, en 1789, la liberté était-elle proclamée que l'on voit ses partisans et ceux qui hier encore la réclamaient comme un droit la tourner contre le roi et chercher à le renverser.

De son côté, le roi qui n'avait accordé la liberté qu'à regret, cherche à la reprendre et il livre aux partisans de la monarchie un combat dans lequel il est vaincu et où il succombe avec la monarchie. Qu'y avait-il donc à faire et quel était le devoir de ceux qui, en 1789, voulaient véritablement établir la liberté?

Il fallait se tourner vers le peuple, et chercher à lui faire comprendre la liberté. Au lieu de cela, les parlementaires crurent qu'il ne s'agissait que d'inscrire la liberté dans la loi et d'en faire la base de nos Constitutions. Il en résulta que le peuple, tenu à l'écart de la liberté et du gouvernement, devint un instrument entre les mains des ambitieux qui se disputèrent le pouvoir et qu'il fit des révolutions ou des coups d'État. Tantôt il fut un instrument entre les mains des républicains qui, sans avoir autre chose que des velléités, voulaient gouverner le pays et le conduisaient à sa perte, et il fit le 10 août et le 24 février. Tantôt il fut un instrument entre les mains des réactionnaires qui voulaient rétablir un passé impossible et s'opposaient à la marche du progrès et de la civilisation, et il fit ou laissa faire le 18 brumaire et le 2 décembre.

Qu'y avait-il donc encore une fois à faire, et ne pouvait-on point arriver à fonder le gouvernement? Si, on pouvait y arriver; mais auparavant, il fallait se débarrasser de deux sortes d'ennemis qui empêchent la République de s'établir et qui maintiennent l'anarchie. D'abord, il y a ceux qui pensent que l'État n'a aucune mission morale à remplir et qu'il doit être comme un gendarme chargé d'assurer l'ordre dans la rue et la liberté de la circulation.

Mais, à ceux-là, nous demanderons comment il se fait que eux, avec de telles théories, ont cependant voté le budget de la guerre, celui de l'instruction publique tel qu'il est aujourd'hui établi et celui des travaux publics; car enfin, avec des entrepreneurs qui se seraient syndiqués, ne pourrait-on point assurer la défense de nos frontières, l'enseignement de nos enfants et la mise en état de viabilité de nos routes et de nos canaux?

Les hommes dont nous parlons nous répondront, nous le savons bien, que, pour les choses dont nous venons de parler, l'initiative privée ne suffit point et qu'il y faut encore le concours de l'État; mais n'en est-il point de même pour l'instruction morale et n'est-il point surabondamment démontré qu'il y faut aussi le concours de l'État?

En effet, on nous accordera bien que, depuis 1789, il y a eu dans le parti républicain des hommes honnêtes et intelligents et qui voulaient le triomphe de leurs idées. Eh bien, à quels résultats sont-ils arrivés et n'est-il point vrai au contraire qu'ils ont vu tous leurs efforts échouer? Voyons, vous, M. Yves Guyot, qui vous êtes occupé de la suppression des octrois et qui avez voulu défendre les intérêts du contribuable et du consommateur, voulez-vous nous dire si vous n'êtes point aujourd'hui au même point et si vous avez fait faire un pas à la question?

Vous, M. Eugène Spuller, qui vous êtes occupé de la politique générale et qui avez voulu fonder en France la démocratie, voulez-vous nous dire si vous êtes aujourd'hui plus avancé et si la France n'est point aussi divisée qu'auparavant?

Car il s'agit avant tout de fonder l'unité de la patrie et, tant que vous ne serez point arrivé à ce résultat, vous n'aurez rien fait. Nous connaissons de braves gens qui, parce qu'ils auraient posé ou changé de place un reverbère, s'imaginent qu'ils rallieraient à la République tout un quartier et qu'ils l'enlèveraient à la réaction.

Eh bien, non, et ils n'auraient rien enlevé du tout. Il faut le dire, à l'éternel honneur de l'espèce humaine, vous auriez fait la fortune de tous les individus dont elle se compose et vous ne l'auriez pas pour cela satisfaite et vous pourriez encore l'avoir pour ennemie. L'empire, qui est celui de tous les régimes politiques qui ont régné sur la France qui a le plus fait pour assurer sa prospérité matérielle, n'est plus aujourd'hui défendu par personne et s'il y a encore quelques individus qui le soutiennent, c'est par des raisons tirées du sentiment et parce qu'ils croient que le régime dont nous parlons est le mieux approprié au génie et aux besoins de la France.

Et ici, l'instinct du peuple est d'accord avec son intérêt et avec la réalité des choses. En effet, vous ne pouvez fonder la prospérité matérielle de la France sans fonder en même temps son unité morale et sans procéder au désarmement. Vous parlez d'économies, mais vous savez bien que, tant que vous aurez un budget de la guerre s'élevant au chiffre de plus d'un milliard, vous ne pouvez point faire d'économies. Il faut donc procéder au désarmement et, pour y arriver, fonder en France l'unité de la patrie ; mais on ne le peut que par l'action constante et énergique de l'État. Nous avons démontré que ceux qui pensent que l'État n'a pas une mission morale à remplir et qu'il n'est que comme un gendarme chargé d'assurer l'ordre dans la rue et la liberté de la circulation, devaient être éliminés. Nous allons maintenant démontrer que ceux qui veulent faire retourner la société en arrière et qui sont opposés au progrès et à la civilisation, doivent être aussi éliminés. Certes, la théocratie a eu dans notre pays de France un beau moment. Quand ce roi, qui venait d'être sacré à Reims et qui avait reçu la couronne de la main de Dieu, s'en allait ensuite guerroyer et conquérir son royaume, pièce par pièce, sur l'Anglais ou l'Espagnol, il accomplissait véritablement une mission de la civilisation et du progrès et fondait l'unité de la patrie française.

Il avait alors pour lui le consentement unanime des peuples et il pouvait dire comme un jour Louis XIV : « l'État, c'est moi! » Mais il vint un moment où l'on se désintéressa de la personne du roi, et où sa parole ne fut plus écoutée. Au dix-huitième siècle, on écouta la voix des philosophes, et les chroniqueurs nous montrent assis sur les bancs du jardin des Tuileries, pendant la guerre de Sept Ans, les petits rentiers et les petits propriétaires traçant du bout de leurs cannes, dans la poussière, des lignes pour indiquer la position des armées en campagne et faisant des vœux pour le succès des armes de Frédéric II, roi de Prusse !

Où sont-ils ces temps des guerres des Anglais, de Jean-le-Bon, prisonnier, de Jeanne d'Arc, de Denain où le maréchal de Villars sauva la France ; ces temps où l'on suivait avec anxiété la marche de l'armée, et où l'on se demandait ce qu'était devenu le roi? C'est que, en effet, le roi représentait bien alors la nation et qu'il ne faisait qu'un avec elle. Mais au dix-huitième siècle, il y avait des intérêts nouveaux qui étaient nés et que l'on sentait en opposition avec ceux du roi. Ainsi on ne voulait plus que le roi allât dans des *lits de justice* imposer sa volonté à la nation et lui dire insolemment : « Si veult le roi, si veult la loi ». On ne voulait plus que le Tiers parlât au roi à genoux dans les États-Généraux et qu'il fût taillable et corvéable à merci. On voulait changer ces choses, et établir un régime basé sur la raison pure et sur la liberté. Mais comment établir ce régime, et comment arriver à faire comprendre au peuple les principes de la raison pure et de la liberté? En employant les mêmes moyens qui ont servi à établir les principes de l'ancien régime, et en se servant de l'éducation et de l'enseignement. Comment veut-on établir la liberté autrement, et comment veut-on que le peuple arrive de lui-même à la connaissance de la vérité et à la lumière? Certes, le peuple a l'instinct que les choses du passé sont finies et qu'il n'y a plus à s'en occuper ; mais comment veut-on que de lui-même il arrive à comprendre l'ordre de choses nouveau, ses nécessités et ses exigences?

Certes, il ne veut plus de l'ordre ancien et il a fait toutes les révolutions qui lui ont paru nécessaires pour le renverser; mais comment veut-on qu'il arrive seul à employer les moyens nécessaires pour fonder l'ordre de choses nouveau; et voilà ce que n'ont pas compris les hommes qui ont été jusqu'ici à la tête du parti républicain. Car enfin, où en sommes-nous aujourd'hui, et, nous le demanderons jusqu'à satiété, sommes-nous plus avancés que le premier jour?

Certes, nous voyons bien des masses suivre des hommes; mais la preuve que ces hommes n'ont aucune influence sur les masses, c'est qu'il a suffi que le général Boulanger paraisse pour que celles-ci l'acclament et pour qu'elles abandonnent leurs anciens conducteurs. On dira que le général Boulanger n'est rien, et qu'il a peu de choses à son actif; mais c'est là précisément ce qui prouve l'inanité des moyens qui ont été jusqu'ici employés pour fonder la République. Comment, voilà un homme qui n'est rien et à qui il suffit de paraître pour être acclamé et pour que les masses abandonnent leurs premiers protecteurs! Mais c'est donc que les masses veulent à tout prix en être débarrassées, et qu'elles ont besoin d'autres hommes et d'un autre système?

Eh bien, oui, et c'est là où nous en sommes; mais ce n'est pas à dire que, parmi ceux qui dans ces derniers temps ont pris part aux affaires du pays et composé le gouvernement de la nation, il n'y ait pas quelques hommes de valeur et capables de figurer dans le nouveau système; mais l'ensemble de ces hommes est mauvais, et c'est là ce qu'il faut changer. Sur quelles bases devons-nous établir le système dont nous parlons, et à quel signe reconnaîtrons-nous les hommes nouveaux chargés de l'appliquer? Est-ce parce qu'ils parleront de la Constitution, et qu'ils voudront en faire une nouvelle? Hélas! non, et nous ne saurions trop le répéter, on peut encore faire une Constitution et changer même la forme du gouvernement, on se trouvera toujours au même point et l'on n'aura rien fait pour le peuple. Celui-ci sera toujours aussi mécontent, et on ne lui aura donné aucune satisfaction. Qu'y a-t-il donc à faire pour donner satisfaction au peuple, et pour l'amener à la lumière et à la connaissance de la vérité? Il faut faire son éducation, et lui enseigner les principes sur lesquels la société repose; mais ceci implique un système tout entier de gouvernement, et c'est là ce que nous allons exposer dans le chapitre suivant.

III.

De l'enseignement du principe de la liberté, et du Gouvernement dans les sociétés modernes.

Il faut d'abord concevoir le gouvernement comme une chose d'éducation et d'enseignement. Si vous êtes constitué en fonction ou en dignité, vous devez justifier de cette dignité ou de cette fonction et en faire comprendre au peuple la nécessité.

Ainsi, le gouvernement doit dans son ensemble faire comprendre au peuple la nécessité des principes sur lesquels il repose. Mais quels sont ces principes? Les principes de la liberté. Le gouvernement doit faire comprendre au peuple les principes de la liberté et l'amener à la pratique de ces principes.

Nous mettons en fait que c'est parce que l'on n'a pas ainsi compris la mission du gouvernement et que, comme nous l'avons dit dans le précédent chapitre, l'on a cru qu'il ne devait être que comme un gendarme chargé d'assurer l'ordre dans la rue et la liberté de la circulation, que la France a été mise à deux doigts de sa perte et qu'elle ne peut se relever. En effet, n'est-ce point pour échapper aux conséquences fatales de la liberté et parce qu'il ne pouvait l'établir que Napoléon a déchaîné sur l'Europe cette guerre effroyable dont les conséquences se font encore sentir sur notre malheureux pays, non seulement parce qu'elle a amené sous le premier et le second empire trois fois l'étranger à Paris, non seulement parce qu'elle nous a fait perdre l'Alsace et la Lorraine et les conquêtes de la Révolution, mais parce qu'elle a amené cet armement sous lequel ploient aujourd'hui tous les États et qui finira par les écraser?

En effet, tous les États de l'Europe sentant que la question en France n'est point résolue et que le gouvernement n'y est point constitué, veulent maintenir leur armement dans la crainte d'être surpris par quelque gouvernement de passage qui voudrait détourner en France l'attention et qui chercherait à les envahir.

Mais, n'est-ce point aussi pour échapper aux conséquences fatales de la liberté et parce qu'ils ne pouvaient non plus l'établir que les hommes de la Révolution entrèrent dans la voie des persécutions sans fin ; que, depuis, on a, dans le parti républicain, pour paraître faire quelque chose, — et ceci nous le disons malgré notre respect pour quelques-uns de ceux qui ont été mêlés à cette affaire et qui valent mieux que la réputation qu'ils s'y sont faite, — que depuis, disons-nous, on a, dans le parti républicain, pour paraître faire quelque chose, dissout les congrégations religieuses et appliqué le fameux article 7 et qu'on parle de faire la séparation de l'Église et de l'État. Nous savons bien que la séparation de l'Église et de l'État est une chose nécessaire et qu'il faudra un jour y arriver ; mais tant que le peuple n'aura pas été instruit et éclairé, il se retournera contre ceux qui auront pris cette mesure et il les considérera comme des persécuteurs. Et en effet, l'action de ceux qui, dans les temps présents, feraient la séparation de l'Église et de l'État, ne pourrait s'exercer que sous forme de persécution ; car, et l'on y revient de toutes parts, il faut avant tout instruire le peuple et lui faire comprendre la liberté.

Mais n'est-ce point encore pour échapper aux conséquences fatales de la liberté et parce qu'ils ne peuvent également l'établir, que quelques-uns de nos modernes républicains parlent aujourd'hui de faire la révision de la Constitution et que d'autres paraissent vouloir entrer, comme leurs prédécesseurs de 1792, dans l'ère sanglante des persécutions?

Certes, nous ne sommes point suspects de partialité ou de sympathie pour ceux qui demandent la révision de la Constitution à jet continu et nous pensons même que, demander cette révision, c'est faire preuve d'une certaine pauvreté d'esprit; car enfin, quelles sont les idées que la Constitution actuelle a empêché de mettre au jour, et n'est-il point vrai que si une idée juste était émise, elle ferait son chemin dans le pays et qu'elle arriverait à s'imposer aux pouvoirs publics et à être inscrite dans la loi?

Mais voilà, vous n'avez point d'idée et la preuve c'est que, dans votre programme, vous ne parlez que du *referendum,* c'est-à-dire que vous voulez soumettre au peuple les idées des autres et les faire rejeter, telles que la séparation de l'Église et de l'État et le rétablissement de l'empire ou de la monarchie.

Mais ayez donc une idée, et tâchez de la faire accepter. Ne parlez point de renverser le parlementarisme. Le parlementarisme! Mais c'est encore ce qu'il y a de mieux pour une société comme la nôtre avancée en âge et en civilisation. La dictature n'est bonne que pour les peuples enfants. Quand Napoléon, retour d'Égypte, reprocha aux parlementaires leurs fautes et leur demanda ce qu'ils avaient fait de la France, il voulait établir le despotisme; mais quand il eut lui-même mis la France à deux doigts de sa perte et qu'il se sentit vaincu, après Leipzig, la retraite de Russie, et avant Waterloo, il rétablit le régime parlementaire et fit les articles additionnels aux Constitutions de l'empire.

De même pour Napoléon III. En 1851, Napoléon III fit le coup d'État du 2 décembre et rétablit l'empire; mais au bout de quelques années ayant, comme son oncle, mis la France à deux doigts de sa perte et se sentant aussi vaincu, après Sadowa, le Mexique et la Constitution du royaume d'Italie, il fit également les articles additionnels aux Constitutions du second empire et rétablit de même le régime parlementaire.

Et vous, messieurs du parti national, vous voudriez le détruire! Non, ne le faites pas; car, si vous pouviez y arriver, la France le rétablirait et elle vous maudirait. Cherchez à améliorer ce régime et à réformer ses abus; vous pouvez y arriver, et la France vous en saura gré. Vous pourrez alors prendre rang parmi ceux qui veulent gouverner la France, et faire arriver au pouvoir vos chefs et vos hommes d'État distingués. Mais ne cherchez pas d'abord à renverser ce qui existe et à faire une révolution. Voilà ce que nous avions à dire à M. le général Boulanger et à ses amis du parti national. Quant à vous, messieurs les parlementaires, ce sont vos fautes, sachez-le, qui ont amené la situation grave où nous nous trouvons et qui ont compromis le régime que vous prétendez servir.

La France en a assez, et elle est irritée contre vous. Vous n'avez rien fait et vous avez cru que, parce que vous étiez au pouvoir et que vous occupiez les places et les fonctions, la France n'avait plus rien à demander et qu'elle devait être satisfaite.

Eh bien, non, la France n'est pas satisfaite et elle a encore quelque chose à demander. Elle a à demander la liberté, et vous ne voulez pas la lui donner. Sans doute, vous lui avez donné la liberté de la presse, la liberté de réunion et toutes celles qui constituent le régime parlementaire ; mais ces libertés-là, nous l'avons déjà dit, ne lui suffisent pas et outre que vous allez lui en enlever quelques-unes dans votre lutte contre le boulangisme ou contre la réaction, elles n'ont aucun rapport avec celle que veut le peuple. En effet, le peuple veut la liberté et il veut en connaître le principe. Or, c'est là ce que vous ne faites pas, et pourquoi vous ne donnez au peuple la liberté. Connaître, c'est posséder et voilà pourquoi le peuple ne possède pas la liberté que vous lui avez laissé ignorer; car c'est à vous à faire connaître au peuple la liberté, et vous n'avez pas été nommés pour autre chose. Vous n'avez pas été nommés en effet pour mettre en état de viabilité nos routes et nos canaux, ni pour développer notre commerce et notre industrie, ni même pour défendre notre territoire. L'ancienne monarchie s'entendait à ces choses mieux que vous, et la preuve, en ce qui concerne la dernière, c'est que Louis XIV nous avait donné la province d'Alsace et que vous nous l'avez laissé reprendre !

Mais il y avait une chose que l'ancienne monarchie ne pouvait nous donner et que vous nous deviez, vous, c'était la liberté.

L'ancienne monarchie ne pouvait en effet enseigner le principe de la liberté, elle qui reposait sur le principe de l'autorité; elle ne pouvait, — elle qui prétendait que toute puissance vient de Dieu, — dire au peuple que la souveraineté réside dans la nation et que « nul individu ne peut s'en attribuer l'exercice. » Enfin, elle ne pouvait, — elle dont les prêtres enseignaient partout le respect de l'autorité et la croyance en l'infaillibilité du roi ou du pape, — développer ce principe de la liberté qui est l'essence du nouveau régime et inculquer au peuple la foi dans ce principe.

Mais ce que l'ancienne monarchie ne pouvait pas, vous le pouviez, vous, et vous ne l'avez pas fait. En effet, on vous voit, dès les premiers jours de la Révolution, pousser le peuple à l'émeute et chercher à lui faire renverser le gouvernement établi. Ne deviez-vous pas l'éclairer et lui faire comprendre que le gouvernement représente les intérêts de la nation tout entière et qu'il ne doit chercher à le réformer que par la liberté et la discussion.

Et cela est si vrai que le gouvernement représente les intérêts de la nation tout entière que, après chaque révolution, l'on a vu ces intérêts se reformer et obliger à un gouvernement plus ferme et plus énergique. Après la révolution du 10 août n'a-t-on point vu succéder à un gouvernement relativement doux et modéré, d'abord la Convention, gouvernement violent et sanguinaire, et ensuite Napoléon qui était la personnification même du despotisme ?

N'a-t-on point vu, après la révolution du 24 février, succéder à un gouvernement qui était aussi relativement doux et modéré le gouvernement violent et arbitraire de Napoléon III ?

Non, il n'est point vrai que l'on puisse changer violemment les conditions de la société et toutes les tentatives faites dans ce but ne peuvent tourner que contre le peuple et compromettre ses intérêts. N'a-t-on point vu, après chaque révolution, les hécatombes se succéder presque sans interruption et les survivants du peuple être envoyés à la Nouvelle-Calédonie ou à la Guyane ?

Or, qui dira l'énergie et le talent déployés dans ces luttes où le sort du peuple était l'enjeu. On se plaint aujourd'hui et avec

raison du manque d'hommes ; mais n'est-il
point vrai que si l'on eût mieux posé la question et si l'on avait commencé par faire comprendre au peuple ses droits et ses devoirs,
on aurait conservé pour la patrie française ce
talent et cette énergie et que l'on ne serait pas
aussi pauvre ?

Car qui osera dire que, aussi bien à droite
qu'à gauche, il n'y avait pas, parmi ceux qui
ont été frappés, des hommes en grand nombre
qui n'auraient pas demandé mieux que d'y
voir clair et de rester soumis à la loi de justice et de vérité ?

La faute en est donc — et ceci nous le
disons non pas pour le vain plaisir de récri-
miner, mais parce que c'est la vérité et qu'il
s'agit d'une chose d'enseignement, — à ceux
qui n'ont pas posé la question sur son véritable terrain, et qui n'ont pas commencé par
faire connaître au peuple ses droits et ses
devoirs. Il faut revenir au point de départ et
établir un gouvernement qui fasse comprendre
au peuple le principe de la liberté et qui lui
enseigne la foi dans ce principe. Maintenant,

comment établira-t-on ce gouvernement? C'est là ce que nous allons examiner dans le chapitre qui va suivre.

IV.

Des fonctionnaires, et des moyens pour établir le principe de la liberté.

Certes, nous n'avons point la prétention d'indiquer ici tous les points de l'organisation nécessaire pour faire comprendre au peuple le principe de la liberté et pour lui enseigner ses droits et ses devoirs. Il nous suffit d'avoir démontré cette nécessité, et c'est au gouvernement lui-même à trouver les moyens de s'organiser. Toutefois, il nous sera permis d'indiquer ici quelques-uns de ces moyens et de dire un mot de l'organisation qui est nécessaire pour faire comprendre au peuple ses droits et ses devoirs. A la base de cette organisation se trouve l'instituteur. Qu'est l'instituteur dans la société moderne? Rien. Que doit-il être, dirons-nous en parodiant sans le vouloir un mot célèbre ? Tout. C'est en effet à l'instituteur qu'il appartient le premier de faire connaître au peuple ses droits et ses devoirs et de lui enseigner le principe de la liberté.

Sans doute, à cet enseignement viendra s'ajouter plus tard celui d'un fonctionnaire de l'ordre plus élevé ; le maire dans certains cas ; le préfet et le sous-préfet dans leurs tournées ; le ministre dans ses discours et le président de la République lui-même dans ses messages, viendront concourir à cette œuvre d'éducation ; car de quoi s'agit-il sinon de généraliser ce qui se fait dans certains cas et, par exemple, dans les moments de troubles et dans les grèves ? Dans les grèves, ne voyons-nous point les préfets et les sous-préfets se rendre là où elles ont lieu et chercher à y concilier les intérêts des patrons avec ceux des ouvriers ? Or, que disent-ils aux patrons ? D'élever les salaires des ouvriers ; et c'est là le meilleur appel que l'on puisse faire au principe de la liberté, puisqu'il suppose chez les patrons la possibilité qu'ils auraient eue d'abuser et de ne point payer assez cher leurs ouvriers (1).

De même, pour les ouvriers. Que disent à ceux-ci les préfets et les sous-préfets? De ne point employer la force; et c'est là encore le meilleur appel que l'on puisse faire au principe de la liberté puisqu'il suppose chez les ouvriers la tentation qu'ils pourraient aussi avoir d'abuser et de chercher à empêcher leurs camarades de travailler à prix réduit pour les patrons.

Mais pourquoi attendre que des grèves aient éclaté et pourquoi, comme nous l'avons dit, ne point généraliser et pratiquer la liberté

---

(1) La raison pour laquelle nous combattons les économistes c'est que, aussi absolus que le pape dans leurs idées, et prétendant comme lui à l'infaillibilité, ils ne voient jamais qu'un côté de la question et qu'ainsi ils n'admettront pas que les patrons ont pu abuser et ne pas payer assez cher leurs ouvriers. En revanche, ils admettront toujours que les ouvriers eux veulent abuser et employer la force contre les patrons. Voilà pourquoi l'économie politique n'est pour le peuple et les ouvriers que la liberté de mourir de faim et qu'ils la repoussent !

Du reste, nous sommes un peu sur ce point de l'avis de M. Thiers qui disait : « Il y a soixante ans que Mme Thiers fait de l'économie. Quant à moi, j'ai fait toute ma vie de la politique, mais je ne sais point ce qu'est l'économie politique ! »

sur une plus large échelle? Pourquoi, par exemple, M. le Président de la République attend-il, pour faire ses messages, que l'opinion publique soit troublée et qu'elle ait besoin d'une nouvelle orientation? Ne craint-il point qu'il soit alors trop tard, et ne vaut-il point mieux faire l'éducation du peuple dans des temps comme le nôtre, assez calmes, et lui enseigner la pratique de la liberté avec esprit de suite et méthode? (1)

---

(1) Méditez, ô Monsieur Carnot, et vous tous, chefs de l'État républicain, les paroles suivantes d'un homme qui est peu suspect d'ultra-libéralisme et d'utopie, Guillaume II, empereur d'Allemagne. Il s'agit d'une réponse faite par cet empereur aux patrons qui étaient allés le trouver pour se plaindre de leurs ouvriers à l'occasion de la grève de Westphalie. Voici les paroles auxquelles nous faisons allusion :

« A cette occasion, je vous recommande à tous, d'une façon toute spéciale, de vous rapprocher, à l'avenir, autant que possible, des ouvriers... Je vous prie de vouloir faire de la sorte que les ouvriers puissent toujours formuler leurs prétentions; je voudrais également que vous ayiez toujours présent à la mémoire que les sociétés qui emploient un grand nombre de mes sujets ont le devoir de s'occuper, de leur mieux, du bien-être des ouvriers... Il est humain et très naturel que chacun cherche à assurer le mieux possible ses moyens d'existence. Les ouvriers lisent les journaux. Ils connaissent les rapports qui existent entre leur salaire et le bénéfice des sociétés. On

Mais voilà, vous n'avez point de fonctionnaires ! Et comment auriez-vous des fonctionnaires, vous n'avez rien fait pour faire régner l'esprit nouveau dans vos écoles et ce sont les principes de l'ancien régime qui y dominent encore aujourd'hui. Et là-dessus, nous ne faisons aucune différence entre ce que l'on appelle les écoles congréganistes et les écoles dites laïques ou celles du gouvernement. En effet, n'est-ce point toujours l'autorité et la haine de la liberté que l'on enseigne dans les unes comme dans les autres écoles, et avez-vous jamais vu sortir de celles du gouvernement un bon et sincère démocrate et un républicain ?

---

comprend donc qu'ils désirent participer à ce bénéfice dans une proportion plus ou moins grande... »

On ne saurait mieux dire, et ce n'est pas parce que l'auteur de ces paroles est allemand et chef d'un peuple ennemi que l'on ne doit pas les approuver sans réserve. Il ne manque aux paroles que nous venons de citer que d'être appliquées et de recevoir la consécration de l'enseignement officiel, c'est-à-dire d'être donné avec esprit de suite et méthode. Et c'est là ce que nous demandons aux hommes d'État français. Mais aucun de nos journaux n'a relevé les paroles de l'empereur Guillaume et n'a paru les comprendre ; et c'est là ce qui nous fait craindre que chez nous la sève soit épuisée et que nous n'ayons l'esprit fermé à la grande politique, celle qui change et renouvelle les États, la politique des Louis XI et des Richelieu !

Non, vous faites des catholiques, des hommes dévoués aux principes de l'ancien régime et qui cherchent à les rétablir. Ces hommes pourront un jour, par intérêt personnel ou par hypocrisie, paraître accepter les principes de la République, mais ils ne tarderont pas à les trahir et ils reviendront aux principes de la monarchie.

Voyez ce qui s'est passé au 2 décembre, et comme les fonctionnaires de la République se sont ralliés avec empressement au gouvernement de Louis-Bonaparte. Il en serait encore de même aujourd'hui et si, demain, un gouvernement monarchique ou une dictature pouvait s'établir, vous verriez vos fonctionnaires s'y rallier immédiatement et se disputer l'honneur de la servir.

Et comment en serait-il autrement et vos fonctionnaires, qui ont sucé avec le lait le principe d'autorité et qui sont imbus de son esprit, ne comprennent rien à ce qui se passe aujourd'hui et ils prennent pour de l'anarchie ou pour le déchaînement de l'esprit démagogique ce qui n'est que l'exercice légitime et régulier de la liberté du peuple.

Ah! oui, messieurs, la liberté est difficile à établir; mais vous n'en voyez même pas les difficultés, et vous croyez y arriver avec les moyens que vous employez aujourd'hui. Eh bien, nous vous le prédisons, vous n'arriverez à rien et vous serez rejetés dans l'opposition pour dix ans; mais alors il faudra bien vous organiser et tâcher de savoir ce que vous voulez. Or, vous reconnaîtrez que pour établir la liberté il faut l'enseigner et, pour cela avoir un personnel qui soit imbu de son esprit et qui en connaisse le principe. Mais comment avoir un personnel qui soit imbu de l'esprit de la liberté et qui en connaisse le principe? Il faut fonder des écoles où vous enseignerez le principe de la liberté et où vous ferez connaître son esprit. Dans ces écoles, sorte de pépinière pour les fonctionnaires, vous inculquerez dans l'esprit des jeunes générations le respect de la loi et la foi dans le principe de la liberté; et vous exigerez que quiconque se destine à remplir une fonction et à tenir un emploi, sorte de ces écoles et ait été élevé par les soins du gouvernement.

Ah! vous voulez établir l'unité de la patrie et vous ne savez pas l'établir dans le gouvernement et la société. Libre à quiconque d'élever ses enfants comme il lui plaira et de leur inculquer les idées qui lui conviennent ; mais il ne peut être loisible à celui qui se présente pour servir la patrie, de professer des idées en opposition avec celles sur lesquelles repose l'unité de la France.

La patrie est en effet un ensemble d'idées et d'intérêts qui ont besoin d'être acceptés par ceux qui prétendent à les défendre ; et il serait souverainement ridicule de confier à un catholique le soin de défendre les idées républicaines. On dira que, avant tout, il peut se faire qu'il soit soldat. Eh bien, non, et il ne sera pas avant tout soldat. Il peut se faire — et c'est là la seule chose que nous pouvons vous concéder, — que, pendant longtemps, il soit honnête et qu'il ne puisse faire autrement ; mais, aussitôt qu'il en aura l'occasion, il trahira et cherchera à rétablir le régime de ses préférences. Voyez Bazaine, voyez Trochu. Est-ce que Trochu, dans son for intérieur, n'était pas humilié de combattre pour la République et ne craignait-il point que son triomphe nuisît à la cause catholique? Est-ce que cette crainte n'a point influé sur la détermination qu'il avait prise de ne point combattre et de se laisser réduire par la famine?

Et Bazaine? Est-ce que Bazaine lui-même n'a pas déclaré devant le conseil de guerre de Trianon que l'idée de trahir lui est venue pour la première fois quand il avait appris que la République venait d'être proclamée à Paris et — chose monstrueuse et que ne comprendront jamais ceux qui ont l'esprit fermé aux choses des croyances, — que, s'il avait livré son armée à la Prusse, c'était pour conserver la dernière à la France et pour lui permettre de rétablir l'ordre?

Et aujourd'hui, il en serait encore de même. Et comment pourrait-il en être autrement? On n'a rien fait pour faire connaître au peuple la vérité et pour l'appeler à la lumière. Or, tant qu'on n'aura pas mis dans l'esprit du peuple la foi dans la liberté à la place de la foi dans l'autorité, il se traînera dans l'ornière du despotisme. Mettons-nous donc à l'œuvre, et établissons des écoles où l'on enseigne cette foi et où l'on forme des fonctionnaires capables de l'établir dans l'esprit du peuple.

V.

De la situation qu'a faite à la France en Europe la Révolution, et de la civilisation générale. — De l'établissement de la foi dans la liberté, et d'un catéchisme à l'usage de la Démocratie.

Il est inutile d'insister sur la gravité de la situation où nous nous trouvons et sur les dangers qu'elle peut nous faire courir. Tout le monde sent que, en cas de guerre, nous serions vaincus et que nous ne pourrions pas nous défendre contre nos ennemis. Maintenant, qu'est-ce qui nous a mis dans cet état et pourquoi sommes-nous si faibles et si impuissants devant nos ennemis? Est-ce la guerre de 1870 et les désastres qui en ont été pour nous la conséquence. Hélas non, car la France avait déjà été vaincue et elle s'était toujours relevée et avait repris sa place au premier rang des nations. Qu'est-ce donc qui nous a mis dans cet état d'impuissance et qu'est-ce qui a amené notre irrémédiable déchéance? Hélas, ce sont nos divisions et celles-ci viennent de ce que en 1789 la question fut, comme nous l'avons dit, mal posée et de ce qu'on ne la posa pas sur le terrain avant tout moral.

En effet, on voit, au commencement de la Révolution, les premiers républicains s'attaquer d'abord au clergé et à la noblesse et chercher à les réduire. Or, on ne réduit pas le clergé et la noblesse et on met, à la place d'intérêts, d'autres intérêts et on fonde l'unité de la patrie. Mais les premiers républicains ne comprirent pas cela et, au lieu de fonder l'unité de la patrie, ils cherchèrent, comme nous l'avons dit, à réduire le clergé et la noblesse et menacèrent tous leurs intérêts. Il en résulta que ces intérêts se réunirent et qu'ils obligèrent les premiers républicains à persécuter et, finalement à faire cette guerre effroyable dont nous avons parlé et dont les conséquences se font encore sentir sur notre malheureux pays.

Aurait-on pu éviter cette guerre et maintenir en Europe la paix et la tranquillité? Nous le croyons, car que voulaient le clergé et la noblesse? Qu'on ne touchât pas à leurs intérêts, et qu'on respectât leurs privilèges. En ce qui concerne en particulier le clergé, celui-ci ne voulait pas que l'on touchât au droit qu'il était en possession d'exercer et à sa puissance spirituelle sur le peuple.

Or, ce qui prouve bien que le clergé et la noblesse avaient raison dans leurs prétentions c'est que depuis on n'a pas fait un pas et qu'on est toujours au même point. En effet, n'a-t-on point reconnu dans ces derniers temps que les privilèges de la noblesse étaient aussi sacrés qu'aucune propriété quelconque et, en ce qui concerne le clergé, n'a-t-on point reconnu que son autorité spirituelle n'est autre chose qu'une des formes de la liberté de conscience et qu'on ne peut y toucher sans ébranler tout l'édifice de nos libertés.

Quoi qu'il en soit, nos modernes républicains confisquèrent les biens de la noblesse et du clergé et, sous prétexte de Constitution civile, ils imposèrent à celui-ci la formalité du serment. Il en résulta une révolte, à laquelle prit part une grande partie de la France et qui fut une des principales causes de la guerre étrangère dont nous avons parlé. En effet, les nobles et les émigrés, retirés à la frontière, conspiraient, et ce fut pour les chasser que le roi de France déclara la guerre au roi de Bohême et de Hongrie et qu'il fit marcher des troupes contre lui.

On le sait, les débuts de cette guerre furent heureux et la révolte fut écrasée. La confiscation avait mis entre les mains d'une nouvelle classe d'hommes les biens de la noblesse et du clergé et, d'un autre côté, les grands principes de 1789 qui venaient d'être proclamés et dont on croyait alors que les républicains allaient faire une réalité, tout cela avait mis au cœur de la nation une énergie farouche et qui lui fit remporter la victoire sur tous ses ennemis.

Malheureusement, ce fut dans son triomphe

même que la nation trouva l'esclavage et que furent forgés les fers qu'on lui mît aux pieds et aux mains. Le gouvernement qui était à Paris n'ayant aucune racine dans le pays et n'étant point universellement accepté, Napoléon n'eût qu'à paraître après avoir remporté quelques victoires pour le renverser et pour être nommé à sa place. Mais, pas plus que le gouvernement qu'il venait de remplacer, Napoléon n'avait de racines dans le pays et il fut obligé, comme ce gouvernement, de faire la guerre et de nous vouer à l'exécration de tous les peuples de l'Europe. En effet, les peuples de l'Europe qui avaient accepté la Révolution française avec enthousiasme et qui avaient cru qu'elle leur apportait la délivrance, voyant qu'elle ne servait qu'à les rendre esclaves et à les plonger plus avant dans les ténèbres du despotisme, s'en détournèrent avec horreur et ils firent une nouvelle alliance avec leurs princes.

Nous en sommes-là maintenant, et les peuples de l'Europe n'ont fait depuis que se confirmer dans cette idée que la Révolution française n'avait amené que le désordre et l'anarchie et qu'elle ne pouvait établir la liberté. Et, en effet, que veut-on que les peuples pensent quand ils voient chez nous les révolutions succédant sans interruption aux réactions et chaque génération renversant son gouvernement; quand ils voient le spectacle de nos divisions et de nos querelles, la liberté toujours chez nous dégénérant en licence et faisant bientôt place au despotisme, en un mot, nulle organisation, nulle consistance, nulle stabilité, l'impuissance érigée en système, le chaos, le néant? Et avec cela un gouvernement toujours prêt à sortir des barricades ou d'un coup d'État et à se jeter sur l'Europe pour faire comme l'Empire une diversion à l'intérieur ou, comme le parti clérical, pour enlever Rome à l'Italie et pour le rendre au pape.

Comment veut-on que, dans ces conditions, les peuples de l'Europe aient pour nous autre chose que de la haine et du mépris? Pendant longtemps, on s'y est trompé. Une littérature légère, sous l'Empire et pendant le règne de Louis-Philippe, avait pris comme à tâche de nous faire croire que les peuples de l'Europe, à la différence de leurs souverains, nous aimaient et qu'ils nous étaient dévoués. Eh bien, il a fallu en rabattre et nous rendre à l'évidence. Pendant la dernière guerre, on a vu quels étaient les sentiments des Allemands et combien ils nous tenaient en haine profonde. Dernièrement, au parlement de Buda-Pesth, à l'occasion de quelque demande de crédit pour notre Exposition, le ministre Tisza a, aux applaudissements de la majorité, prononcé contre nous des paroles tellement violentes que le lendemain le comte Andrassy, ministre des affaires étrangères pour la monarchie austro-hongroise, s'est cru obligé de les excuser et de s'en expliquer par la voie diplomatique.

Enfin, on connaît les sentiments du peuple italien à notre égard et on sait qu'ils ne diffèrent en rien de ceux de son gouvernement, ce qui n'est pas peu dire. Nous estimons que sur toutes ces choses, l'on doit la vérité à son pays et qu'il ne faut rien lui cacher. Que le gouvernement et les personnages officiels, dans leurs rapports avec les gouvernements étrangers, parlent le langage de la plus pure courtoisie et qu'ils entourent la vérité de fleurs, c'est leur devoir et ils ne sauraient y manquer sans les plus graves inconvénients; mais un particulier doit, encore une fois, la vérité à son pays et il n'a pas le droit de le tromper. Or la vérité est que nous n'avons pas en Europe un seul ami et que nous n'y avons que des ennemis. Nous pouvons avoir avec d'autres peuples des affinités naturelles cu des intérêts communs; mais nous n'y avons point de sympathie. On vient à Paris pour s'amuser et pour faire la fête, — ou, comme disait sous l'empire madame la princesse de Metternich, alors ambassadrice d'Autriche-Hongrie, comme on va au cabaret, — mais on n'a pour nous aucune estime et, encore une fois, on nous haït. On nous en veut de nos qualités qui sont celles de nos défauts : nous sommes légers, superficiels, frivoles, hommes de bonne compagnie, enfin; on nous jalouse. Oui, on nous jalouse; mais de quoi? De tout, de ce que nous sommes Français. Et puis, pourquoi ne pas le dire, on nous jalouse parce que l'on sent que tout n'est pas fini et que la Révolution n'a pas dit son dernier mot. On nous jalouse parce que, malgré tout on a encore confiance en nous et que l'on attend de nous quelque chose. Comme ces femmes et ces enfants qui vont au théâtre voir des spectacles terribles et qui leur font peur, mais qui néanmoins les attirent, les peuples de l'Europe sont attirés vers nous, mais ils ont peur de nous. Enfin, ils ont pour nous ces sentiments qui font qu'ils voudraient nous détruire alors qu'ils parlent de nous aider et de chercher à nous défendre contre nos ennemis.

Il dépend de nous de changer ces sentiments et de redevenir pour les peuples de l'Europe des guides et des initiateurs (1). En effet, quelle

---

(1) Le prétexte invoqué par le gouvernement anglais devant le Parlement à l'occasion du congé donné à son ambassadeur pendant les fêtes de notre Centenaire et de l'ouverture de notre Exposition, donne raison à la thèse que nous soutenons et vient la corroborer. Voici en effet ce que dit le ministre sir James Fergusson dans la séance de la Chambre des Communes, du 28 Mai 1889 :

« Il n'est pas douteux que l'Exposition ait été faite pour célébrer la Révolution française. Dans ces conditions, l'Angleterre devait-elle prendre position dans une question *qui divise toujours les partis en France ?* Sans doute, *si les Français étaient unanimes,* est la situation exacte de ces peuples, et n'est-il point vrai qu'ils cherchent, comme il y a cent ans, à améliorer leur position et à devenir libres et indépendants? Les Russes ont, sous le nom de nihilistes, une secte qui procède par le meurtre et l'assassinat. L'Allemagne a ses socialistes, c'est-à-dire des hommes qui rêvent de nous ne savons quelle appropriation du sol et qui voudraient établir

---

la présence de lord Lytton à l'ouverture de l'Exposition aurait été justifiée, comme le fut celle du ministre d'Angleterre au centenaire américain, en 1876. »

Unissons-nous donc, et que l'Europe puisse enfin nous craindre et nous respecter! Mais encore une fois, ne croyons point que l'union peut se faire pour des raisons tirées du sentiment et en faisant abstraction des droits et des intérêts du peuple. L'union ne peut se faire que sur le principe de la liberté, et c'est pour cela qu'il faut le formuler avec netteté et précision et l'enseigner comme la doctrine ou le dogme du gouvernement et de la société. Vous avez devant-vous, dirons-nous à nos hommes politiques, un épais rideau d'ennemis ou d'opposants de toute sorte. Ces ennemis sont irréductibles, et vous ne pouvez ni les vaincre, ni les rallier à la République. Tout au plus, pouvez-vous en détacher quelques-uns et les rallier à la fortune de quelque homme puissant qui les comblera d'honneurs et de dignités. Mais allez au-delà du rideau, et adressez-vous au peuple ; faites-lui comprendre ses droits et ses intérêts, et le rideau disparaîtra comme par enchantement ; l'unité de la patrie française sera fondée, et vous n'aurez plus d'ennemis !

le collectivisme; mais, comme il y a dans ce pays une compression extraordinaire et nulle direction, il n'est pas malaisé de prévoir qu'un jour il y aura une explosion et que la société sera profondément troublée. En Italie, les esprits s'acheminent tout doucement vers la République, et la dynastie de Savoie qui, pas plus que nos dynasties françaises, n'a l'intelligence de la situation et des besoins du peuple, sera balayée par la tourmente révolutionnaire.

Enfin, en Angleterre, où il y a une populace pauvre et misérable et telle qu'aucuns ouvriers de nos villes ne peuvent en donner une idée (1), il se passera des choses sans nom et

---

(1) Il y a eu à Londres, dernièrement, des élections municipales. Eh bien, savez-vous, sur une population de cinq millions d'habitants, combien ont pris part à ces élections ? 240,000 individus. Ainsi l'état des choses paraît accepté par la population ; mais le gouvernement, au lieu d'en profiter pour faire l'éducation du peuple et pour l'appeler par degré à la lumière et à la connaissance de la vérité, l'opprime et il continue de l'exploiter.

Il paiera cher un jour cette apathie et cette indifférence, car ce n'est jamais impunément qu'on peut ne pas remplir son devoir...

qui dépasseront en horreur tout ce que l'imagination peut rêver quand — ce qui fatalement arrivera dans un délai rapproché — la révolution sera déchaînée par M. Gladstone et ses amis ou par leurs successeurs, et que M. le prince de Galles, futur roi et empereur des Indes, et toute l'aristocratie voudront lui résister.

En effet, ce qui complète avec nous la ressemblance au point de vue de la révolution et ce qui la rendra facile en Angleterre c'est que, comme nous, il y a un siècle, celle-ci n'a pas d'armée permanente et que rien ne pourra résister à la populace de Londres. Quoi qu'il en soit, il dépend de nous de prendre la direction de ce mouvement civilisateur et progressif et qui emporte le monde. Il faut établir chez nous la liberté. Mais, pour l'établir, il faut sortir de nos vaines formules et de nos déclamations et reconnaître même que les efforts de ces bons citoyens qui s'en vont dans les réunions publiques ou dans la presse vanter les mérites de la liberté ne suffisent pas et qu'il y faut encore l'action raisonnée, méthodique du gouvernement et celle de tous les fonctionnaires s'exer-

çant à chaque instant du jour et se faisant
sentir à la fois sur tous les points du territoire. Et il faut que cette action du gouvernement et celle de tous les fonctionnaires soit
pour ainsi dire résumée en une formule nette et
précise, et que celle-ci soit enseignée d'une
manière doctrinale et dogmatique.

Il y a en effet pour le gouvernement un
dogme et une doctrine, c'est celle de la liberté.
On a cru jusqu'ici que la liberté était une chose
purement passive, muette, n'existant pas, avec
laquelle on ne pouvait rien faire ni rien fonder
et qui donnait à nos ennemis tous les droits
contre nous. Il faut en faire une chose active,
agissante, qui donne à ses partisants le droit
de se défendre et qui leur permette de régé-
nérer le monde. Qu'on le comprenne bien,
l'Europe, à toutes les époques de son histoire,
a eu le même gouvernement et elle a été soumise au même régime. Au moyen-âge, l'Europe était soumise au régime féodal et elle
avait pour gouvernants des hommes qui, sous
le nom de ducs, comtes et barons, représentaient le droit de la conquête.

Plus tard, l'Europe fut gouvernée par des rois qui prétendaient représenter Dieu et elle fut soumise au régime monarchique. Enfin, aujourd'hui, elle est soumise au régime représentatif et elle est gouvernée par des hommes qui tirent toute leur autorité du suffrage universel ou qui ont été nommés par le consentement unanime de la nation. En effet, quelles que soient les prétentions de ceux qui restent encore en Europe et qui représentent l'ancien droit, il n'y a pas un seul qui oserait dire qu'il ne représente que lui-même et qu'il n'a d'autres droits que ceux que lui donne sa naissance.

Mais la France a toujours devancé les autres nations dans leurs conceptions gouvernementales et c'est ainsi que, au moyen-âge, quand ces nations se cherchaient et qu'elles s'ignoraient encore, la France était déjà constituée et qu'elle avait fondé son unité sur la base de l'idée catholique. Le roi de France était le chef de la croisade, et il pouvait réunir et mettre sur pied le plus grand nombre d'hommes. Or, le signe de la force morale c'est la force matérielle et, quand un peuple ne peut plus défendre sa nationalité et qu'il est vaincu sur les champs de bataille, c'est qu'il est bien près d'être vaincu dans les choses de l'esprit et qu'il est dépassé.

Mais, au moyen-âge, la France était forte au point de vue moral comme au point de vue matériel et elle marchait à la tête des nations. Au dix-septième siècle, quand elle eut fondé son unité sur la base de l'idée monarchique et que Louis XIV, trônant dans Versailles et pouvant envoyer à la frontière des armées de cent mille hommes auxquelles ses ennemis, qui n'étaient pas encore sortis du chaos féodal, ne pouvaient opposer qu'un nombre dérisoire de soldats, il en fut de même. Enfin, aujourd'hui, quand les autres nations cherchent encore à s'organiser sur la base de l'idée démocratique et qu'elles ne peuvent y arriver, la France est déjà constituée et elle n'a plus qu'à appeler son peuple à la connaissance de la vérité et à la lumière. Nos ennemis le comprennent bien, et dernièrement le cardinal, archevêque de Malines, s'écriait, en ouvrant une conférence diocésaine : « L'éducation du peuple, voilà le terrain sur lequel va se livrer la lutte éternelle entre la vérité et l'erreur, entre le mal et le bien. »

Malheureusement, nos hommes politiques français n'ont point ainsi compris la question et ils en sont encore à leurs sottes lois sur l'instruction laïque, gratuite et obligatoire ; car enfin qu'apprend-on aujourd'hui au peuple et quels sont les enseignements qu'on lui donne? Hélas, aucun. Ah! si, on lui apprend, dans les écoles professionnelles, et cela sans doute au grand scandale des économistes, à être menuisier ou ébéniste quand peut-être il faudrait à la société des serruriers ou des cordonniers et, dans les autres écoles, on lui apprend à se déclasser, c'est-à-dire qu'on fait de lui un être vain, prétentieux, ne voulant plus vivre du travail de ses mains et cherchant à arriver, sans droit et sans mérite, aux plus hautes fonctions de l'État ou, au moins, à occuper un emploi (1).

---

(1) Ne vous est-il jamais arrivé d'entrer le soir dans un mé-

Ah ! si encore, nous oublions que, dans ces derniers temps, on a introduit dans l'école un manuel dit civique, dans lequel on apprend aux enfants que le gouvernement de la République française comprend : un Président, un Sénat et une Chambre de députés ; que le premier est nommé pour sept ans par le Sénat et par la Chambre des députés réunis en Congrès ; enfin, que le Sénat et la Chambre

---

nage d'ouvriers, d'artisans, ou de petits bourgeois? Si oui, vous y avez trouvé l'enfant faisant du dessin qui lui avait été donné comme devoirs par l'instituteur. Tout le monde à cette heure en France fait dans l'école du dessin. Or, qu'est-ce que le dessin et généralement tout ce que l'on enseigne aujourd'hui aux enfants dans l'école? Ce que l'on enseigne, c'est cette chose qui nous rappelle la scholastique dont Michelet a dit qu'elle avait été inventée au moyen-âge pour détourner l'attention des choses sérieuses et pour abrutir l'espèce humaine.

Ah! nos maîtres, quand le peuple entendit pour la première fois dans les temps modernes parler d'instruction, il se fit un grand mouvement et l'on crut que l'on allait enfin savoir le pourquoi et le comment des choses et la raison de notre existence. Depuis, ce mouvement s'est ralenti et l'on a compris que l'on ne faisait dans l'école que des employés... pour des emplois qui, hélas! le plus souvent n'existent pas! Faites des hommes, des citoyens, ô nos maîtres; car la liberté n'est point une vaine formule ni une étiquette, c'est la connaissance des principes du droit et de la raison. Et, en dehors de cette connaissance, il n'y a en démocratie ni ordre ni liberté.

des députés se renouvellent le premier par tiers tous les deux ans et la seconde entièrement après une durée de quatre années.

Peuple de matérialistes, va! Et vous croyez avec cela fonder le gouvernement et la société! Mais l'enfant vous répondra que l'on va changer la Constitution, et qu'il n'a nul besoin d'apprendre ces choses qui n'ont qu'un intérêt de pure curiosité. Mais il y a un intérêt réel à connaître les droits et les devoirs et à respecter les lois et la liberté, et c'est là ce qu'on ne lui apprend pas. En effet, vous vous êtes montrés sous ce rapport inférieurs à l'Église et vous n'avez pas su remplir votre mission. L'Église, au moyen-âge et plus tard encore, sous la royauté, enseignait au peuple le principe de l'autorité et elle lui faisait réciter le catéchisme. Où est-il à vous votre catéchisme, et que faites-vous réciter au peuple? Hélas! rien, vous le savez bien et vous n'enseignez au peuple aucun principe. Mettez-vous donc à l'œuvre et enseignez au peuple le principe de la liberté; faites-lui connaître les droits et les devoirs et le respect des lois et de la liberté.

Vous aurez contre vous dans cette œuvre ceux qui, comme nous l'avons dit, voudraient faire retourner la société en arrière et qui maintiennent l'ancien état de choses ; vous aurez aussi contre vous ceux qui, sous prétexte de liberté, dénient à l'état républicain le droit de vivre et qui maintiennent l'anarchie et le despotisme. Mais vous aurez l'appui des bons citoyens et celui de la nation tout entière qui comprendra que vous vous occupez enfin de ses intérêts et que vous voulez l'appeler à la connaissance de la vérité et à la lumière.

Certes, nous ne nous faisons aucune illusion et nous ne croyons pas que, parce que nous nous sommes prononcés contre ce que l'on peut appeler la révision de la Constitution à jet continu, cette révision n'aura point lieu et que l'on ne changera pas encore une fois le gouvernement.

Donc, nous aurons encore un changement de gouvernement heureux si c'est le dernier et si la sagesse nous vient ensuite ; mais, quel que soit le gouvernement de demain, il ne pourra se maintenir s'il n'applique point les idées que nous venons d'exposer, et s'il ne cherche pas à établir la liberté.

Au contraire, s'il cherche à appliquer ces idées et à établir la liberté; s'il fait comprendre au peuple ses droits et ses devoirs, il durera le temps des choses qui durent et sera un gouvernement de civilisation et de progrès.

Voyez ce que disait Proudhon il y a quarante ans, et comme il prévoyait que malgré nos révolutions et nos changements de gouvernements, malgré notre sang versé et notre affaiblissement moral et matériel, nous n'arriverions à rien tant que nous n'aurions pas fait l'éducation du peuple. Voici ce que disait Proudhon : « Je me rallie sans réserve aux hommes honnêtes de tous les partis qui, comprenant que *démocratie* c'est *démopédie*, éducation du peuple, acceptant cette éducation comme leur tâche et plaçant au-dessus de tout la liberté, désirent sincèrement, avec la gloire de leur pays, le bien-être des travailleurs, l'indépendance des nations et le progrès de l'esprit humain. »

Or, on n'a rien fait depuis que Proudhon écrivait ces lignes et la situation est restée la même. Il s'agit toujours et avant tout de faire l'éducation du peuple et de lui apprendre ses droits et ses devoirs, il s'agit de lui faire comprendre la liberté. C'est là l'œuvre à laquelle, dans l'intérêt supérieur de la patrie, il faut se livrer sans relâche. Une grave question en effet se pose, à propos de notre France et de la civilisation générale. Jusqu'ici, quand un peuple est arrivé à un âge et à un degré de civilisation avancé, il décline, vieillit, devient la proie des factions à l'intérieur et est finalement conquis par ses voisins et par ses ennemis.

C'est ainsi que, pour remonter à l'antiquité la plus reculée, les peuples de l'Assyrie et de la Babylonie furent conquis et virent leur civilisation disparaître devant celle des Égyptiens. Ceux-ci, à leur tour, furent conquis et virent leur civilisation disparaître devant celle des Grecs conduits par Alexandre. Enfin, les Grecs eux-mêmes furent conquis et virent leur civilisation s'assimiler les Romains. En dernier lieu,

les Romains disparurent sous le flot des
Barbares et ceux-ci fondèrent une nouvelle
civilisation. C'est ainsi que, comme il été dit
si souvent, la civilisation qui était apparue
pour la première fois à Suse et à Babylone,
puis à Thèbes et à Memphis, vint briller à
Athènes et à Rome et s'établit enfin à Paris
où elle est restée comme dans sa ville et dans
la capitale de l'humanité.

Mais la civilisation est-elle bien fixée définitivement à Paris, et certains symptômes, au
contraire, ne nous feraient-ils point craindre
qu'elle est près de nous quitter et d'aller
s'établir à Berlin? En effet, le signe de la force
morale est, comme nous l'avons dit, dans la
force matérielle. Quand celle-ci nous quitte,
c'est que nous avons perdu la première et que
nous sommes bien près d'être conquis. Maintenant, il y a des défaites accidentelles et
contre lesquelles on revient. Est-ce une de
celles-là que nous avons éprouvées? En tous
cas, Berlin est là qui commande et qui donne
des ordres au monde. Comme à l'époque où
nous étions les maîtres et où tout le monde

nous faisait sa cour, Berlin voit affluer dans son sein les souverains et les chefs des peuples et elle fixe les regards du monde entier.

Cela veut-il dire que Berlin tient déjà le sceptre de la civilisation, et qu'elle est devenue véritablement la reine du monde? Nous ne le croyons point. En effet, le peuple allemand n'a émis aucune idée, n'a élevé aucun édifice qui puisse servir à abriter l'humanité et c'est nous qui restons toujours avec notre idée démocratique, vague encore et incomplète, mais qu'il dépend de nous de préciser et de rendre définitive. Il est vrai, les Allemands pourraient s'assimiler nos idées et, si nous sommes véritablement un peuple corrompu, incapable d'énergie et de virilité, ils renouvelleraient notre civilisation, mais nous pouvons empêcher ce malheur en nous mettant enfin à l'œuvre et en faisant triompher notre idée qui est la cause et la raison d'être de notre histoire.

Mettons-nous donc encore une fois à l'œuvre, et travaillons à établir cette idée et à fonder la Démocratie. Il n'y a pas pour cela d'autre moyen que d'établir, comme nous l'avons dit, un catéchisme qui contienne l'exposition abrégée de la foi dans la liberté et qui donne l'explication, par demandes et par réponses des choses de la Démocratie. Dernièrement, à l'occasion des fêtes du Centenaire de 1789 et en particulier de celle du 5 mai, date de l'ouverture à Versailles des Etats-Généraux, le *Temps*, journal modéré, disait :

« Il convient d'abord que, dans une leçon spéciale, chaque instituteur essaye de faire bien comprendre à ses élèves pourquoi le pays tout entier tient à fêter solennellement la date de l'ouverture des États-Généraux ; mais ce qu'on aura dit aux enfants, il est bon de le répéter aux parents, le 5 mai, dans une conférence publique ; cette conférence pourra être faite, soit par le maire, soit par l'instituteur lui-même... Expliquons à nos concitoyens de quels abus ils ont été délivrés ; faisons-leur sentir le prix de l'égalité sociale, de la liberté sous toutes ses formes, liberté politique, liberté du travail, liberté de conscience, etc... Plaçons au-dessus de toutes les coteries, de toutes les

misérables compétitions de partis et de per-
sonnes, l'image de la patrie. »

Eh! mais, on ne saurait mieux dire. C'est
même là la seule parole sensée et pratique que
nous ayons entendue depuis longtemps et qui
nous donne raison. En effet, cette parole est
comme· la conclusion ou la préface de notre
livre et elle vient à l'appui de la thèse que
nous soutenons. Seulement, il faut aller plus
loin. L'instituteur, c'est bien, mais il faut lui
faire développer autre chose que des faits his-
toriques. Que les faits de l'histoire viennent
à l'appui du principe et qu'ils en soient comme
le corollaire ou l'explication, c'est bien ; mais
il faut développer avant tout le principe et faire
connaître la liberté, autrement l'imagination
populaire n'aurait pas où se fixer et elle ne
pourrait s'arrêter. C'est pour cela — et
nous y revenons de toutes parts — que nous
demandons l'établissement d'un catéchisme.
— Nous nous servons de ce mot pour faire
mieux comprendre notre pensée (1) — où se-

---

(1) D'ailleurs, Littré est favorable à l'emploi de ce mot dans la

ront condensés les principes de notre droit public et qui, comme nous l'avons dit, fera connaître au peuple ses droits et ses devoirs. Ce catéchisme développera les principes de la liberté, et il les fera connaître au peuple sous la forme d'une doctrine ou d'un dogme du gouvernement et de la société. Enfin, il expliquera ce dogme ou cette doctrine et il fera connaître au peuple l'origine du droit et de la liberté. Il n'y a pas, encore une fois, d'autre moyen pour fonder le gouvernement et la société et pour établir définitivement la Démocratie. Mais nous entendons d'ici les criailleries de ceux que

---

circonstance. Voilà ce qu'il dit, au mot catéchisme : « Explication, par demandes et par réponses, de la croyance et des usages de la religion chrétienne... Par extension, exposition abrégée, par demandes et réponses, ou autrement, de quelque science. On dit catéchisme d'économie politique... »

On dira catéchisme démocratique! Voilà ce que vous n'avez pas compris, ô gouvernants républicains incapables! Vous n'avez pas compris qu'il s'agissait avant tout de remplacer l'Église dans le gouvernement du monde et de la société. Ce n'était pas en effet sous l'ancien régime la monarchie qui régnait, c'était l'Église qui régnait par sa doctrine et la monarchie n'était qu'un prête-nom. Vous n'avez pas compris qu'il vous fallait à vous aussi une doctrine, et que cette doctrine c'était celle de la liberté! Voilà ce que vous n'avez pas compris, et vous en serez punis.

l'on a appelés les libérâtres, par opposition à ceux qui veulent véritablement établir la liberté dans l'esprit du peuple. Vous allez, disent-ils, établir une doctrine de gouvernement et faire de l'instituteur un agent de toutes les politiques ; mais ce n'est pas parce que l'on peut abuser d'une chose qu'il ne faut point s'en servir. Napoléon n'attendit pas, pour faire enseigner qu'il représentait Dieu et que le peuple français lui devait obéissance et soumission, que les républicains eussent enseigné au peuple ses droits et ses devoirs et qu'ils lui eussent fait connaître les principes de la liberté. De même, ce n'est pas parce que l'on chercherait en ce moment à faire entrer la liberté dans l'esprit du peuple et qu'on se servirait pour cela de l'instituteur, que les réactionnaires ne chercheront pas aussi à se servir de lui et à le détourner de sa mission pour enseigner leurs idées, s'ils arrivent à s'emparer du pouvoir et à en chasser les républicains. Non, il faut se servir des moyens que l'on a entre les mains et tâcher d'établir la liberté. On ne pourra autrement empêcher les réactionnaires de revenir au pouvoir et y maintenir les républicains. Ceci dit, nous nous excuserons d'avoir été peut-être sévères pour les hommes du parti républicain ; mais nous n'avons pu contenir notre indignation au spectacle de l'impuissance et de l'incapacité dont ont fait preuve ces hommes depuis la Révolution. Comment, voilà des hommes qui ont pris il y a plus d'un siècle la direction des affaires du pays et qui n'ont pu encore y établir un gouvernement (1) !

Car c'était à vous républicains, nouveaux venus dans la société, à vous faire accepter et à trouver une formule pour rallier non les monarchistes, mais le peuple qui est toujours

---

(1) Dernièrement, la *Gazette nationale* de Berlin, dans un parallèle entre le Centenaire des États-Unis et celui de la Révolution française, disait, avec une ironie marquée à notre adresse : « Il est certainement temps que la France fasse ce que les États-Unis ont fait dès le 30 avril 1789, c'est-à-dire qu'elle mette fin à la Révolution. Un siècle nous semble en effet être, pour une révolution, une durée suffisante. »

Hélas ! oui, et pourtant la Révolution française n'est point finie et elle se continue par nous et avec nous. Les principes de cette Révolution qui portent avec eux le salut du monde seront peut-être, à cause de l'incapacité des républicains, la perte de la France !

du parti de ses droits et de ses intérêts. Or, cette formule, vous ne l'avez pas trouvée et vous avez laissé le peuple divisé et armé contre lui-même et contre la société. Vous parlez sans cesse d'union, de concorde, et vous ne faites rien pour la réaliser ; vous paraissez croire que, un jour, subitement, pour des raisons tirées du sentiment, les divisions cesseront et que tous les Français s'embrasseront. Eh bien, non, et le peuple ne s'apaisera et l'union ne se fera que le jour où l'on aura donné satisfaction au peuple et où on lui aura fait comprendre la liberté.

Faites donc comprendre la liberté au peuple, ô républicains, et unissez-vous sur cette idée. Certes, parmi vous, il y a des hommes de valeur et qui sont dignes de tous les respects de la Démocratie ; mais ce n'est pas à eux que s'adressent nos critiques, c'est à ceux qui sont nés à la vie politique ou qui sont arrivés au pouvoir sans savoir ce qu'ils voulaient et qui n'ont point de programme ; à ceux qui n'ont que des velléités et qui, étant disposés visiblement à servir tous les pouvoirs, ne recherchent que la satisfaction de leurs passions ou de leurs intérêts. Méfiez-vous de ces hommes, ô républicains, car ils vous conduiraient à votre perte! Mais suivez les hommes sincères, et qui veulent véritablement fonder la République et la liberté sur une base indestructible.

Ces hommes peuvent se tromper et, peut-être aussi, ils sont trop faibles pour vaincre toutes les résistances et pour résister à toutes les attaques; mais c'est à vous de les aider et de les faire marcher dans la voie de la justice et de la vérité. Faites-le donc, ô républicains, et fondez enfin cet édifice de la liberté qui doit mettre fin à nos agitations stériles et qui abritera définitivement la Démocratie !

FIN

TABLE

IMPRIMERIE PRISSETTE, PASSAGE DU CAIRE, 17.